I0009275

Bibliografische Information der Deutschen Nationalbibliothek:

Die Deutsche Bibliothek verzeichnet diese Publikation in der Deutschen Nationalbibliografie; detaillierte bibliografische Daten sind im Internet über http://dnb.d-nb.de/ abrufbar.

Impressum:

Druck und Bindung: Books on Demand GmbH, Norderstedt Germany
ISBN: 9783638755931

Dieses Buch bei GRIN:

http://www.grin.com/de/e-book/577/grobstrukturen-der-standardsoftware-sap-r-3-am-beispiel-einer-einfachen

Josef Partenhauser

Grobstrukturen der Standardsoftware SAP R/3 am Beispiel einer einfachen funktionsübergreifenden Prozesskette

GRIN Verlag

Grobstrukturen der Standardsoftware SAP R/3 am Beispiel einer einfachen funktionsübergreifenden Prozesskette

Studienarbeit von

Josef Partenhauser

Abgabetermin: 05.11.2001

Aufgabenstellung:

Prof. Dr. rer. pol. Gerhard Hessenberger

Unternehmensführung im VI. Trimester

Inhaltsverzeichnis

Abbildungsverzeichnis

Abkürzungsverzeichnis

SAP R/3 Module[1,2]

AM	(Assets Management) Anlagenwirtschaft
BC	(Basic Components) Basis System
CA	(Cross Applications) Anwendungsübergreifende Funktionen
CO	(Controlling) Controlling
EC	(Enterprise Controlling) Unternehmens Controlling
FI	(Financial Accounting) Finanzwesen
HR	(Personnel Planning and Development) Personalplanung und -entwicklung
IM	(Capital Investment Management) Investitionsmanagement
IS	(Industry Solution) Branchenlösung
MM	(Materials Management) Materialwirtschaft
PA	(Personnel Administration) Personaladministration und –abrechnung
PM	(Plant Maintenance) Instandhaltung
PP	(Production Planning and Control) Produktionsplanung und –steuerung
PS	(Project System) Projekt-System
QM	(Quality Management) Qualitätsmanagement
SD	(Sales and Distribution) Vertrieb
TR	(Treasury) Treasury
WF	(Workflow) Workflow
OC	(Office & Communication) Office & Communication

Allgemeine Abkürzungen

ABAP/4	Advanced Business Application Programming (4th Generation)
OE	Organisationselement
REWE	Rechnungswesen
SB	Sachbearbeiter
ERS	Automatische Wareneingangsabrechnung

[1] Vgl. Wenzel, 1996, S.17-21. [1]

[2] Vgl. CDI, 1996, S.28-29. [2]

A. SAP R/3 – Vorstellungen und Erwartungen

Die Standardsoftware *SAP R/3* wird im betriebswirtschaftlichen Bereich häufig als der ultimative Alleskönner bezeichnet. Das System soll allen nur denkbaren Anforderungen eines Unternehmens, unabhängig von Unternehmensziel und Branche, gerecht werden, zu Kosteneinsparungen führen, alle betriebliche Bereiche integrieren und darüber hinaus noch internationale Besonderheiten berücksichtigen.[3] Obgleich *SAP R/3* versucht all diesen Anforderungen gerecht zu werden, zeichnen diese generellen Aussagen ein unscharfes Bild von dieser Standardsoftware, welches insbesondere bei Laien falsche Vorstellungen und Erwartungen hervorruft.

Ziel dieser Ausarbeitung ist es durch Beschreibung der Grobstrukturen von *SAP R/3* einen globalen Überblick über die Fähigkeiten dieser Standardsoftware zu geben. Durch die sequenzielle Beschreibung einer funktionsbereichsübergreifenden Prozesskette, sollen dem Leser Dependenzen zwischen unterschiedlichen Programmbestandteilen verdeutlicht werden und der Bezug zur betrieblichen Praxis hergestellt werden. Im Verlauf der Bearbeitung werden dann im Einzelnen diese Fragestellungen erläutert:

- Wie ist die Standardsoftware *SAP R/3* strukturiert?
- Wie arbeiten einzelne Funktionsbereiche eines Unternehmens in einer einfachen Prozesskette zusammen?

An dieser Stelle sei kurz auf die Begriffe *Standardsoftware* und *Modul* eingegangen:

- Unter *Standardsoftware* im Sinne dieser Arbeit soll eine betriebliche Software verstanden werden, die auf die Bedürfnisse einer Vielzahl von Anwendern zugeschnitten ist und den individuellen betrieblichen Abläufen angepasst wird.[4]
- *Module* sind eigenständige Programmpakete (Komponenten), mit Schnittstellen zu anderen Komponenten. Module können einzeln erworben werden, sind jedoch aufgrund der wechselseitigen Abhängigkeiten nicht notwendigerweise alleine lauffähig.[5]

---

[3] Vgl. Wenzel, 1996, S.2. [1]

[4] Vgl. CDI, 1996, S.25. [2]

[5] Vgl. Wenzel, 1996, S.9. [1]

Im Verlauf dieser Arbeit werden dem Leser zunächst Basisinformationen zum Unternehmen *SAP AG* und der Standardsoftware *SAP R/3* gegeben. Dies soll ihm ermöglichen die immense Bedeutung dieses Systems richtig einzuordnen. Daraufhin wird auf Grundlagenwissen zum Softwarekonzept von *SAP R/3* eingegangen. Dies beinhaltet eine Erklärung des Modulkonzepts, einen Überblick über die Modullandschaft, Aufgabengebiete der einzelnen Module und deren Abhängigkeiten voneinander. Dies ist Grundvoraussetzung für das Verstehen des Systemaufbaus. Da das *System R/3* die gesamte Organisationsstruktur anhand von Organisationsschlüsseln abbildet, werden auch hierfür die Grundlagen erläutert. Im nächsten Abschnitt wird das Zusammenspiel der Module MM, SD und FI an einer Prozesskette erläutert, wobei hierbei zunächst die notwendigen Grundlagendaten beschrieben und anschließend einzelne Prozesse, wie z.B. Kundenauftrag und Rechnungsstellung, im Systemzusammenhang betrachtet werden.

B. Grobstrukturen von *SAP R/3*

Dieses Kapitel gliedert sich in insgesamt 3 Abschnitte. Im ersten Abschnitt wird zunächst ein Überblick über das Unternehmen und die Standardsoftware *SAP R/3* gegeben, wobei insbesondere auch auf die globalen Forderungen an das System eingegangen wird. Im zweiten Abschnitt werden dann grundlegende organisatorische und strukturelle Konzepte erläutert und diese dann im dritten Abschnitt anhand einer einfachen Prozesskette konkretisiert.

1. Basisinformationen zur SAP AG und SAP R/3

Dieser Abschnitt dient zur globalen Einordnung des Unternehmens und des Softwaresystems im wirtschaftlichen und betriebswirtschaftlichen Umfeld. Es gewährt einen kurzen Überblick über den Werdegang des Unternehmens, sowie über die Leistungsmerkmale des Softwaresystems.

1.1. SAP AG

Das Unternehmen *SAP* (**S**oftware **A**nwendungen und **P**rodukte in der Datenverarbeitung) wurde 1972 in Walldorf (D) gegründet. 1988 wurde das Unternehmen in eine Aktiengesellschaft umgewandelt und ist heute an allen wichtigen Börsen der Welt vertreten.[6] Seit seinem knapp 30jährigen Bestehen hat sich die *SAP Gruppe* zum weltweit

---

[6] Vgl. Wenzel, 1996, S.2. [1]

drittgrößten unabhängigen Softwarelieferanten entwickelt. Derzeit sind in der *SAP Gruppe* in mehr als 50 Ländern über 27.000 Mitarbeiter beschäftigt.[7] Um das Unternehmen und seinem Hauptprodukt *SAP R/3* hat sich ein eigener Branchenzweig der sich hauptsächlich mit der Anpassung (Customizing), Schulung, Beratung (Consulting) und Erweiterung des Systems beschäftigt. Derzeit arbeiten 10 Millionen User an über 30.000 *SAP R/3* Installationen. Die meisten großen internationalen Unternehmen, wie z.B. BMW AG und Deutsche Bank AG, arbeiten mit diesem System. Daraus folgt dass für die *SAP AG* kaum Konkurrenzdruck durch andere Mitbewerber wie zum Beispiel Siebel Systems, Inc. besteht und hierdurch eine große Abhängigkeit der Kunden von der Standardsoftware *SAP R/3* entsteht.

1.2. Standardsoftware SAP R/3

Seit Markteinführung des *Systems R/3* im Jahre 1992 ist es zum weltweit führenden Client/Server-Produkt avanciert. Als Gründe für den Erfolg dieses Produkts sind im wesentlichen Internationalität, Branchenneutralität, Funktionalität und modularer Aufbau zu nennen.[8]

- **Internationalität** – *SAP R/3* unterstützt eine Vielzahl an Sprachen und Kontenplänen, sowie länderspezifische Verfahren zur Lohn-/Gehaltsabrechnung, Steuerabwicklung und Rechnungsprüfung.

- **Branchenneutralität** – Grundsätzlich ist *SAP R/3* branchenneutral. Das System wird jedoch im Customizing an die branchenspezifischen Besonderheiten angepasst. Allerdings wurden auch verschiedene Module entwickelt, die als spezielle *Branchenlösungen* konzipiert sind.

- **Funktionalität** – Ein wesentliches Merkmal von *SAP R/3* ist seine unglaublich hohe Funktionsvielfalt und –tiefe. Es deckt insbesondere in den primären Modulen FI, SD, MM und HR annähernd alle nur denkbaren Szenarien ab. Wobei angemerkt sei dass dies nicht notwendigerweise zur Anwenderfreundlichkeit des Systems beiträgt. (vgl. Kapitel 3)

- **Modularer Aufbau** – (wird im Kapitel 2.1 im Einzelnen behandelt)

---

[7] SAP AG, 31.10.2001, S.1. [w1]

[8] Vgl. Wenzel, 1996, S.7-9. [1]

2. *Grundlagenwissen zum Softwarekonzept SAP R/3*

In diesem Abschnitt wird im wesentlichen auf das Modulkonzept und die Module eingegangen. Zunächst wird es in seinen Grundsätzen beschrieben, anschließend werden die einzelnen Systemmodule und ihre Aufgabengebiete beschrieben. Ferner wird im Ansatz auf die Abhängigkeiten zwischen den einzelnen Modulen, wobei nur ein grober Abriss dieses Modells gegeben werden kann. Im Abschnitt *Grundlagen der Organisationsschlüssel* wird letztlich auf die Organisation von Daten innerhalb des Systems eingegangen und ferner an einem Beispiel erläutert wie sich ein Organisationsschlüssel zusammensetzt.

2.1. Modulkonzept in SAP R/3

Das *System R/3* wird in einzelne Module unterteilt, wobei jedem Modul ein Kurzzeichen (vgl. Abkürzungsverzeichnis) zugeordnet wurde. Wie in der Einleitung erwähnt sind Module eigenständige Programmpakete (Komponenten), mit Schnittstellen zu anderen Komponenten. Module können einzeln erworben werden, sind jedoch aufgrund der wechselseitigen Abhängigkeiten nicht notwendigerweise alleine lauffähig.[9] *Ein Modul ist die systemtechnische Abbildung eines betrieblichen Funktionsbereichs und ist mit anderen Modulen (Funktionsbereichen) vernetzt (Integration).*

Ein Modul besteht wiederum aus *Komponenten* und *Teilkomponenten*, welche ebenso einzeln erworben werden können. Wesentliche Merkmale und Vorteile sind die Mehrfachverwendung von Daten (Verringerung von Datenredundanz) und die Verminderung von Schnittstellen zu anderen Softwaresystemen.[10] An dieser Stelle sei auch angemerkt, dass Module im Regelfall mit der Development-Workbench in der systemeigenen Programmiersprache ABAP entwickelt wurden, welche ebenfalls ein eigenständiges Modul ist.

2.2. Aufgabengebiete der einzelnen Module

Die Summe aller Modulfunktionen soll alle denkbaren Betriebsszenarien softwaretechnisch abbilden, wobei unter *Betriebsszenario* eine betriebliche Aufgabenstellung oder im weiteren Sinne ein Geschäftsvorfall verstanden wird.[11]

---

[9] Vgl. Wenzel, 1996, S.9. [1]

[10] Vgl. CDI, 1996, S.28-29. [2]

[11] Vgl. Wenzel, 1996, S.98 [1]

In der graphischen Nutzeroberfläche (GUI) des Systems werden die einzelnen Module zunächst in die drei Gruppen (Hauptmenüpunkte) *Rechnungswesen* (FI, AM, CO, PM), *Logistik* (MM, SD, PP, QM, PS, PM) und *Personal* (HR, PA) eingeteilt.

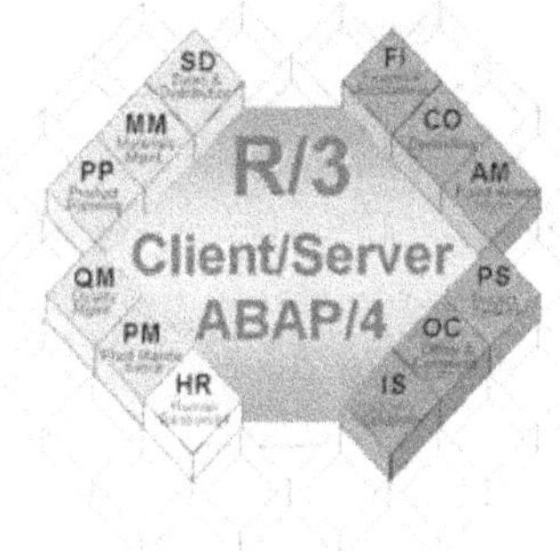

Abbildung 1 - Modulüberblick

Abbildung 1 gibt einen Überblick über die wichtigsten Module in *SAP R/3*, wobei die Module OC und IS nicht als eigene Gruppe zu werten sind. Die in Gruppen zusammengefassten Module zeichnen sich insbesondere durch ein erhöhtes Maß an Integration aus, wobei hierunter sowohl die Workflow-Integration, als auch gegenseitige Datenintegration zu verstehen ist.

Im Folgenden werden nun die primären Aufgabengebiete der Module in den Gruppen erläutert, wobei aufgrund der umfangreichen Daten nur eine Auswahl an Modulen und Aufgabengebiete erläutert wird.

Die Gruppe *Rechnungswesen* (REWE) bildet zum einen im Modul **FI** das externe und in **CO** das interne Rechnungswesen ab. **FI** umfasst im einzelnen die Haupt-, Debitoren- und Kreditorenbuchhaltung, sowie Funktionen zur Konsolidierung, Finanzmittelüberwachung und Finanzcontrolling. **CO** umfasst die Komponenten Kostenstellen-, Leistungs-, Auftrags-, Projekt- und Produktkostenrechnung. Es bietet darüber hinaus auch Funktionen zur Ergebnis- und Marktsegmentrechnung, Profit-Center-Rechnung und des Unternehmenscontrolling an. **AM** deckt im wesentlichen die Anlagenbuchhaltung, technische Anlagenverwaltung und Investitionscontrolling ab.[12]

In der nun beschriebenen Gruppe *Logistik* spielen die beiden Module **SD** und **MM** die wichtigste Rolle und werden im Kapitel 3 näher betrachtet. In **MM** werden die Grunddaten der Materialien verwaltet, es stehen auch Funktionen zur Rechnungsprüfung, Lagerverwaltung, Bestandsführung und Einkauf im Allgemeinen zur Verfügung. **SD** ist dahingegen für Verkauf, Versand, Fakturierung und Vertriebsunterstützung zuständig. In **PP** wird die Absatz-, Bedarfs-, Produktions- und Programmplanung durchgeführt. Es stehen u.a. auch ein Leitstand- und ein Fertigungsinformationssystem zur Verfügung. Im Qualitätsmanagement **QM** wird Prüfplanung und Prüfabwicklung ver-

[12] Vgl. Wenzel, 1996, S.18. [1]

waltet und durchgeführt. Auf Funktionen weiterer *Logistik* Module wird nicht näher eingegangen.[13]

Die Gruppe *Personal* besteht aus den Modulen **HR** und **PA** wobei diese Module in der Literatur auch zusammengefasst als **HR** betrachtet werden. Sie umfassen Organisation und Planung, Personaladministration, Zeitwirtschaft, Reisekosten und Personalabrechnung.[14] Die Gruppe *Personal* weist in ihren Eigenschaften einige Besonderheiten auf. Zum einen wird sie in einem geringeren Maße in den Unternehmensworkflow integriert und zum anderen unterscheiden sich die Organisationsschlüssel (vgl. Kapitel 2.3) von den üblicherweise verwendeten durch die Einbeziehung der zeitlichen Dimension. Im Bereich **HR** spricht man hier auch von Infotypen.

Während in diesem Abschnitt die Aufgabengebiete der wichtigsten Module aufgezählt wurden, wird im Kapitel 3 u.a. versucht, die Dependenzen zwischen den Modulen an konkreten Beispielen ansatzweise zu beschreiben. Das es sich hierbei nur um einen Versuch handeln kann, ist in der Vielzahl von Modulen, Funktionen und Abhängigkeiten begründet und wird dadurch untermauert, dass selbst Systementwickler für Einzelmodule oftmals Schwierigkeiten haben Auswirkungen von Veränderungen im System richtig abzuschätzen. Bevor jedoch auf Abhängigkeiten und Zusammenhänge eingegangen werden kann, müssen noch Grundlagen der Organisationsschlüssel (wie oben angedeutet) beschrieben werden.

2.3. Grundlagen der Organisationsschlüssel in SAP R/3

Mit Hilfe der Organisationsschlüssel wird in *SAP R/3* die Organisationsstruktur abgebildet. Da das System diese wiederum in einer oder mehreren relationalen Datenbanken in einer Vielzahl von Tabellen verwaltet, wird jede Hierarchieebene (gemäß des relationalen Ansatzes nach CODD) mit einem eindeutigen Schlüssel versehen.

Abbildung 2 - Organisationsschlüssel

Abbildung 2 illustriert die Zusammenhänge zwischen ver-

[13] Vgl. Wenzel, 1996, S.19-20. [1]

[14] Vgl. Wenzel, 1996, S.19. [1]

schiedenen Organisationsschlüsseln, bzw. Organisationselementen (OE) auf oberster Ebene der Unternehmenshierarchie.

Es sind die Organisationsschlüssel *Client*, *Company Code* und *Business area* zu erkennen. Der **Client (Mandant)** ist die höchste Hierarchieebene des Unternehmens. Es bestehen keine datentechnische Beziehungen zwischen mehreren *Mandanten*. Der **Company Code** ist eine Unternehmenseinheit im Sinne einer rechtlich selbstständigen und bilanzierenden Gesellschaft. Jeder *Company Code* hat genau einen übergeordneten *Mandanten*. Die **Business area** bildet unterschiedliche Geschäftsfelder oder Marktsegmente des Unternehmens ab. Eine *Business area* kann einem oder mehreren *Company Codes* zugeordnet sein. Dies wäre z.B. der Fall wenn in London sowohl PC's als auch Monitore vertrieben werden.[15]

Entscheidend für das Verständnis von *SAP R/3* ist die Erkenntnis, dass die gleichen Daten aus unterschiedliche Sichten betrachtet werden können. In *SAP R/3* wird das Konzept der Einmalspeicherung von Daten (gem. Relationenmodell von CODD) weitgehend konsequent umgesetzt. Daraus folgt, dass zum Beispiel die Grunddaten einer Handelsware auf der Ebene des *Mandanten* identifiziert bzw. gespeichert werden. Die Daten über den Lagerungsort und Menge jedoch durch die Schlüsselkombination von *Mandant, Plant (Werk) und Storage Location (Lagerort)* gekennzeichnet sind.[16]

Durch *Customizing* wird die Organisationsstrukur des Unternehmens im System angepasst und die Standardeinstellungen entsprechend abgeändert.

In Kapitel sind nun die wesentlichen Grundbegriffe und Strukturen erläutert worden. Um das bisher vermittelte theoretische Wissen zum Modulkonzept und den Organisationsstrukturen besser zu verdeutlichen, wird nun im folgenden Kapitel eine einfache Prozesskette erläutert, welche die Module SD, MM und FI tangiert.

3. Zusammenspiel der Module SD, MM und FI in einer funktionsbereichsübergreifenden Prozesskette

In diesem Kapitel steht nun eine einfache intermodulare Prozesskette im Mittelpunkt, anhand derer an ausgewählten Bereichen auch Details des *R/3 Systems* vermittelt

[15] Vgl. IXOS Software AG, 2001, S. I-15. [3](Zur besseren Lesbarkeit wurden die Kapitelziffern der Seitenangabe in römische Ziffern umgewandelt)

[16] Vgl. IXOS Software AG, 2001, S. II-8. [3]

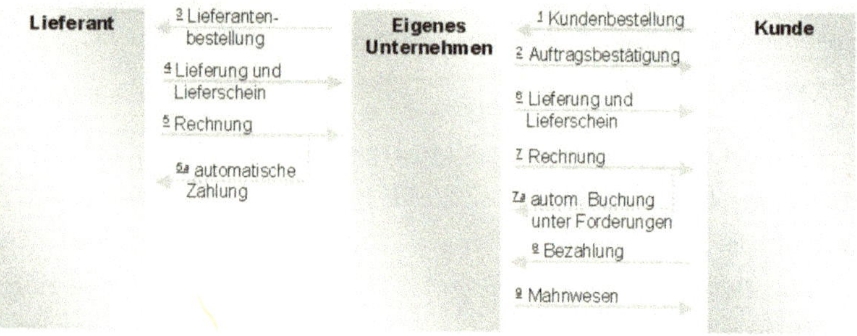

Abbildung 3 – Intermodulare Prozesskette

werden. Es sollen die bisher geschilderten Grundsätze auf konkret einen Workflow angewandt und beschrieben werden.

Abbildung 3 bildet die eben beschriebene Prozesskette ab, wobei die Einzelprozesse durch Pfeile dargestellt werden. Die Pfeilrichtung kennzeichnet die Richtung im Workflow, so wird z.B. *Prozess 1 – Kundenbestellung* vom Kunden initiiert und ist auf das eigene Unternehmen gerichtet und kann von diesem weiterverarbeitet werden. Anzumerken sei an dieser Stelle, dass Aktionen die auf den Kunden gerichtet sind, im Modul **SD** und auf Lieferanten gerichtete Aktionen im Modul **MM** gehandhabt werden. Das Modul **FI** wird in diesem Beispiel von beiden Aktionsarten tangiert.

Die nun folgenden Unterkapitel behandeln zunächst Grunddaten die im System vorhanden sein müssen, um die Prozesse tätigen zu können und erläutern anschließend die Einzelprozesse.

3.1. Benötigte Grundlagendaten

Die in *Abbildung 3* dargestellte Prozesskette setzt die Existenz von einigen Grunddaten voraus. Hier werden im wesentlichen *Lieferanten-*, *Kunden-* und *Materialdaten* unterschieden.

Lieferantendaten werden, wie bereits oben erwähnt, im Modul *MM* gepflegt, Teilbereiche können aber auch im Modul *FI* eingegeben oder verändert werden. Diese Option erhöht zum einen den Komfort bei der Eingabe, steigert aber auf der anderen Seite die Komplexität der Beziehungen zwischen den Modulen – was auch zu überraschenden und schwer zu lokalisierenden Fehlern führen kann.

Lieferanten- bzw. *Kreditorendaten* werden auf unterschiedlichen Ebenen in einer Vielzahl von Modulen gespeichert. Auf *Mandantenebene* werden allgemeine Daten wie z.B. Name und Anschrift gespeichert. Auf Ebene der *Company Codes* werden Daten gespeichert die Geschäftvorfälle im Rechnungswesen betreffen. Beispiele hierfür wären Zahlungsströme und Korrespondenz. *Lieferantendaten* die das Modul *MM* an sich betreffen werden auf Ebene der *Einkaufsorganisation (Purchase Organisation)* verwaltet.[17] Wird ein neuer Lieferant angelegt, können in der Eingabemaske auch modulübergreifend Daten eingepflegt werden. Die Grundprinzipien für *Lieferantendaten* sind auch auf *Material-* und *Kundendaten* anwendbar.

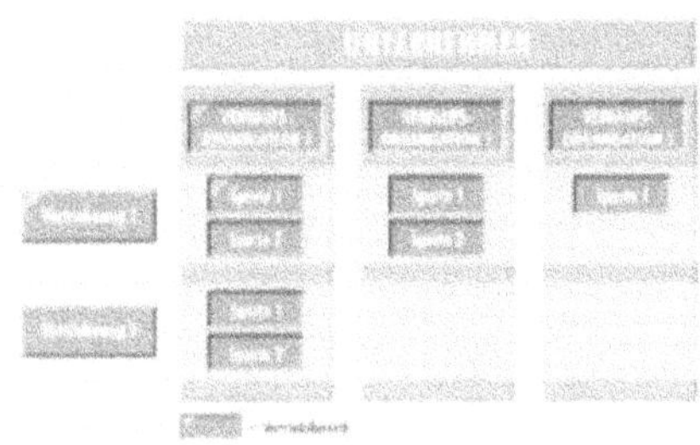

Abbildung 4 – Organisationselemente im Modul SD

Kundendaten werden ebenso wie *Lieferantendaten* auf unterschiedlichen Organisationsebenen gespeichert. Verkaufsspezifische Daten werden hier allerdings im Modul *SD* verwaltet und nach **Vertriebsbereichen** verwaltet. *Abbildung 4* zeigt die drei Komponenten *Verkaufsorganisation, Vertriebsweg und Sparte* aus denen sich der Vertriebsbereich zusammensetzt. Durch diese dreidimensionale Einteilung können unterschiedliche Vertriebsstrategien zielgruppenspezifisch im *System R/3* abgebildet werden. Ein Kunde kann in einem Unternehmen aber ebenso als Lieferant geführt werden, hierbei werden alle benötigten Daten nur einmal gespeichert, d. h. die *Master Daten* eines Kunden (z.B. Name und Adresse) werden im Modul *SD* mit SD spezifischen Daten kombiniert.

Materialdaten spielen wiederum in allen drei Modulen eine Rolle (und auch in weiteren Modulen). Neben der reinen buchhalterischen Abbildung im Modul *FI* werden in den Modulen *MM* und *SD* weitere Daten benötigt. Wie *Abbildung 5* darstellt werden Materialien von Einkaufsorganisationen beschafft und von Lieferanten an Werke geliefert. Diese Werke deponieren die Materialien an Lagerorten, wobei sich auch zwei Werke einen Lagerort teilen können oder mehrere Lagerorte zur

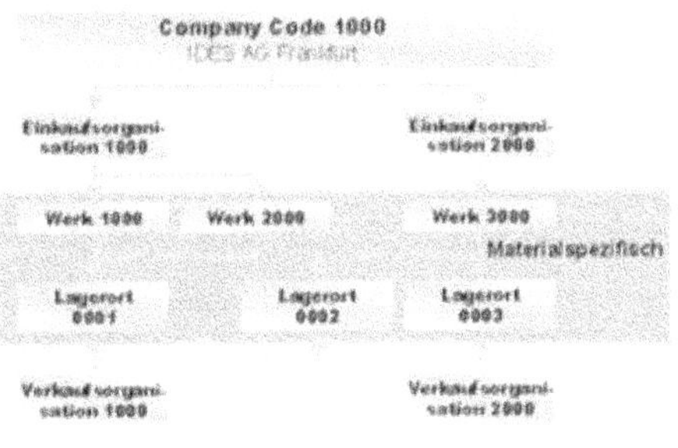

Abbildung 5 – Materialspezifische Organisationselemente

[17] Vgl. IXOS Software AG, 2001, S. I-27. [3]

Verfügung haben. *SAP R/3* ist in dieser Beziehung sehr flexibel um alle nur denkbaren Szenarien und Organisationen abbilden zu können. Es besteht jedoch die Gefahr, dass beim Customizing Fehler übersehen werden und Konsistenzprobleme auftreten, bzw. die Realität nicht richtig abgebildet wird. Wird Material transportiert wird es vom Lagerort an eine Versandstelle (in Abbildung 5 nicht dargestellt) gebracht, von dort verladen und an den Kunden geliefert.

3.2. Kundenbestellung und Auftragsbestätigung

In diesem Szenario wird davon ausgegangen, dass der Kunde bereits im System angelegt wurde und eine Kundenanfrage, sowie ein Angebot an den Kunden nicht benötigt wird.

Geht die **Kundenbestellung**, bzw. der *Kundenauftrag*, im Unternehmen ein, wird sie vom jeweils zuständigen Sachbearbeiter (SB) über eine Bildschirmmaske eingegeben. Dabei schlägt das System automatisch Verkaufs-, Versand-, Preisfindungs- und Fakturierungsdaten (Kundenstamm, Materialstamm, Preise und Konditionen) vor, wobei diese angepasst werden können. Im Rahmen der Auftragseingabe werden einige Funktionen automatisch ausgeführt, dies sind im einzelnen *Preisfindung, Verfügbarkeitsprüfung, Fortschreibung der Materialbedarfsplanung, Versandterminierung, Versandstellen- und Routenfindung, Kreditprüfung* und *Ausfuhrgenehmigungsprüfung.*[18]

Nach Annahme des *Kundenauftrags* wird dem Kunden automatisch eine **Auftragsbestätigung** zugestellt. Die Methode der Kommunikation wird in den Stammdaten des Kunden festgelegt. Verwendet zum Beispiel der Kunde ebenfalls *SAP R/3* wird der Beleg automatisch seinem *Bestellvorgang* zugeordnet, ohne dass ein SB die Daten manuell eingeben muss. Dies vermindert die Fehleranfälligkeit und den Zeitaufwand.

3.3. Materialbestellung bei Lieferanten und Lieferung der Waren

In diesem Beispiel wird davon ausgegangen, dass die vom Kunden bestellten Waren unternehmensweit nicht mehr im Lager vorrätig sind. Ferner ist es den Lieferanten des Unternehmens möglich die erforderlichen Waren in der erforderlichen Stückzahl und innerhalb des vorgegebenen Zeitrahmens zu liefern.

---

[18] Vgl. SAP AG, 1997, S. III-8 – III-9. [4] (Zur besseren Lesbarkeit wurden die Kapitelziffern der Seitenangabe in römische Ziffern umgewandelt)

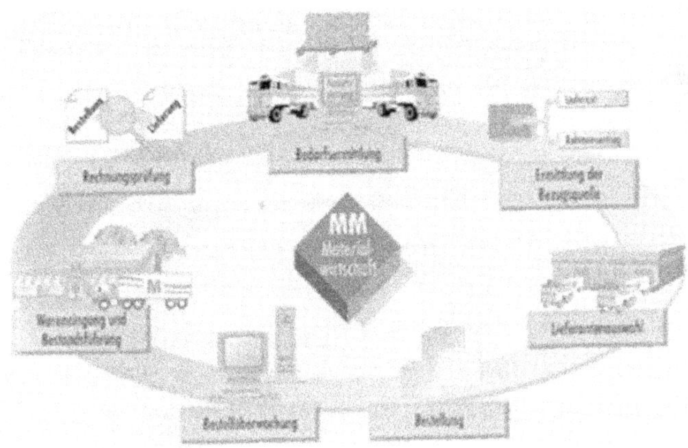

Abbildung 6 - Beschaffungszyklus

Nachdem der durch die Kundenbestellung (Modul SD) ausgelöste Materialbedarf festgestellt wurde wird der in *Abbildung 6* abgebildete Beschaffungszyklus ausgelöst. Die **Bezugsquelle** kann vom System ermittelt oder durch einen SB eingegeben werden, wobei **Bestellungen** mit Bezug auf Vorgängerbelege, wie z.B. *Bestellanforderungen*, weitgehend automatisch erzeugt werden. Setzt der ausgewählte Lieferant ebenfalls ein *SAP R/3* System ein, können die Daten automatisch ausgetauscht werden und das eigene Unternehmen tritt als Kunde beim Lieferanten, gemäß den in Kapitel 3.2 beschriebenen Grundsätzen, auf. Der **Status der Bestellung** kann jederzeit überprüft werden und auch in *Reports* ausgegeben werden.[19]

In der **Bestandsführung** werden *Materialbestände* mengen- und wertmäßig geführt, *Warenbewegungen* geplant, erfasst und nachgewiesen und die *Inventur* durchgeführt. Dies hat zur Folge, dass sich Änderungen der Daten sowohl im Modul *MM*, als auch im Modul *FI* ergeben. Werden aufgrund einer Bestellung Waren geliefert, werden diese im System mit Bezug auf die Bestellung erfasst. Dies hat u. a. die Vorteile, dass die Lieferantenrechnung aufgrund der bestellten und gelieferten Menge überprüft wird, sich die Bestellentwicklung immer auf neustem Stand befindet und bei ausbleibender Lieferung ein Mahnverfahren veranlasst werden kann. Über das SAPmail-System kann der SB im Verkauf automatisch über den Wareneingang benachrichtigt werden. Bei

---

[19] Vgl. SAP AG, 1998, S. V-1. [5] (Zur besseren Lesbarkeit wurden die Kapitelziffern der Seitenangabe in römische Ziffern umgewandelt)

Fehlbeständen, Falschlieferungen oder Teillieferungen kann der Einkaufs-SB bereits unverzüglich nach Wareneingang reagieren.[20]

3.4. Rechnungsstellung von Lieferanten und Zahlungsoptionen

Bei der **Rechnungsprüfung** wird die Vernetzung der unterschiedlichen Module (*Integration)* besonders deutlich. Zum einen wird auf Daten des Einkaufs und der Wareneingänge zurückgegriffen und zum anderen gibt die Rechnungsprüfung anhand des Belegs, der beim Buchen einer Rechnung erzeugt wird, Informationen an die Module *FI, CO* und *AM* weiter. Hierbei hat die *Rechnungsprüfung* die Aufgabe die eingegangene Rechnung auf sachliche, rechnerische und preisliche Richtigkeit zu überprüfen.[21]

Wird eine Rechnung erfasst muss nur die Bestellnummer eingegeben werden und das System ermittelt automatisch alle betroffenen Konten, sowohl *FI*, als auch *MM.* Das System schlägt dabei alle relevanten Daten automatisch vor, welche anschießend vom Rechnungsprüfer angepasst werden können. Bestehen Differenzen im Betrag oder der Menge, wird der Rechnungsprüfer darauf aufmerksam gemacht und die Zahlung ggf. gesperrt.[22]

Wenn mit dem Lieferanten **Automatische Wareneingangsabrechnung** (ERS) vereinbart wurde, schickt dieser dem eigenen Unternehmen keine Rechnung mehr, sondern die Rechnung wird aus der Bestellung und den dazugehörigen Wareneingängen automatisch erzeugt. Dies verhindert Abweichungen in der Rechnung und vermindert die Gefahr von Fehleingaben. Natürlich besteht weiterhin die Möglichkeit die Rechnung auf konventionellen Wegen zu bezahlen.[23]

3.5. Lieferung, Rechnungsstellung an Kunden und Bezahlung

Nachdem die Waren im Lager eingegangen sind, können sie nun von der *Verkaufsorganisation* zur **Lieferung** freigegeben werden. Falls erforderlich werden die Waren im *Kommissionierbereich* zusammengestellt und für die Lieferung vorbereitet. Im Anschluss daran wird die *Lieferung* zu einer Versandstelle transportiert, verladen und dem Kunden geliefert. Alle erforderlichen Versandpapiere wie *Lieferschein, Lieferavis, Kommissionierliste* und *Ladeliste* können im System SD gedruckt werden, wobei

---

[20] Vgl. SAP AG, 1998, S. VI-1 – VI-2. [5]

[21] Vgl. SAP AG, 1998, S. VIII-1. [5]

[22] Vgl. SAP AG, 1998, S. VIII-2. [5]

[23] Vgl. SAP AG, 1998, S. VIII-9. [5]

der Zeitpunkt im *Customizing* angepasst werden kann. Sobald die Waren das Unternehmen wird der **Warenausgang** automatisch gebucht und gleichzeitig der Warenbestand (FI) und der Materialbedarf der Lieferung (MM) reduziert. Ebenso wird der Lieferstatus aktualisiert (SD) und falls nach Warenausgang fakturiert wird, erfolgt dies ebenso zu diesem Zeitpunkt.[24]

Bei der **Fakturierung** stehen Funktionen zur automatischen Datenübernahme und Rechnungserstellung aus dem Auftrag und der Lieferung zur Verfügung. Ferner bietet das System Möglichkeiten zur Rechnungs-, Gutschriften-, Lastschriften und Bonusbearbeitung, wobei eine konsistente Integration des Modul FI gewährleistet wird. In *SAP R/3* sind in diesem Zusammenhang auch Funktionen des Mahnwesens auf das System abgebildet worden, welche letztlich das Schlusslicht in der in diesem Kapitel beschriebenen *funktionsbereichsübergreifenden Prozesskette* darstellen.

Dieses Kapitel stellte zunächst Aufbau und Organisation von Grunddaten dar, die für die Durchführung der geschilderten *Prozesskette* benötigt wurden. In den darauf folgenden Abschnitten wurde dann ein typisches Szenario aus Sicht der einzelnen Modulbereiche beschrieben. So sollten die in Kapitel 2 demonstrierten theoretischen Informationen an konkreten Beispielen erläutert und die Darstellung der Grobstrukturen des Systems R/3 abgerundet werden.

C. SAP R/3 – Der Eisberg im Ozean

In Verlaufe dieser Arbeit wurde zunächst auf Informationen zum Unternehmen SAP und dem Produkt R/3 eingegangen und deren herausragende Marktmacht anhand von Zahlen erläutert. Im Anschluss daran wurden die elementaren Grundkonzepte wie z.B. Modularisierung erläutert um in die Funktionsweise des Systems einzuführen. Im letzten Kapitel wurden dann diese Grundlagen am Beispiel einer intermodularen Prozesskette konkretisiert. Dadurch sollte ein Ausblick auf die umfangreiche Funktionalität und Integration des System R/3 gegeben werden.

Es galt eine Gratwanderung zwischen Oberflächlichkeit und Vollständigkeit zu vollziehen, die durch die Eingrenzung der Darstellung auf einen kurzen und einfachen Pfad entschärft werden sollte, ohne jedoch in die Trivialität abzurutschen. Diese Arbeit ist nur die Spitze des Eisbergs und es konnte nur ein kleiner Teil der Systemstrukturen

---

[24] Vgl. SAP AG, 1997, S. VI-8 – VI-12. [4]

gesichtet werden. Es obliegt nun dem ambitionierten Leser sich in Teilmodule weiter einzuarbeiten. Es sollte jedoch immer bedacht werden, dass hinter diesem System mehrere Millionen Mannarbeitstage der Entwicklung verbergen und ein völliges Verständnis der Zusammenhänge wohl ein unerreichbares Ziel bleiben wird.

Die Komplexität die versucht wurde zu vermitteln, ist zum einen die größte Stärke und zum anderen auch die größte Schwäche des Produkts. Es beherbergt viele Fehler und Schwächen in seinen über 7 Millionen Zeilen Programm-Code und ist doch die marktführende Industrielösung im Bereich der Standardsoftware und hat sich als de facto Standard etabliert. *Hat sich ein Unternehmen einmal für SAP entschieden, wird es wohl immer bei SAP bleiben.* Migration auf ein anderes System ist aufgrund der inhärenten Komplexität des Systems so gut wie unmöglich.

Nachdem nun in dieser Arbeit die Grobstrukturen erläutert wurden und die Integration der Funktionsbereiche einführend beschrieben wurde, sollte nun die Gefahr in Diskussionen am Eisberg *SAP R/3* Schiffbruch zu erleiden entscheidend gesunken sein.

Literaturverzeichnis

[1] Wenzel, Paul (1996): Betriebswirtschaftliche Anwendungen des integrierten Systems SAP R/3, 2. Aufl., Friedr. Vieweg & Sohn Verlagsgesellschaft mbH, Braunschweig/Wiesbaden.

[2] CDI (1996): SAP R/3 Einführung, Haar bei München 1996.

[3] IXOS SOFTWARE AG (2001): SAP R/3 Basic Training – IXOS Academy course AK-SAP1, Neukeferloh bei München 2001.

[4] SAP AG (1997): Das Vertriebssystem der SAP – Funktionen im Detail – SD, Walldorf 1997.

[5] SAP AG (1998): Materialwirtschaft – Funktionen im Detail – MM, Walldorf 1998.

Webseitenverzeichnis

[w1] SAP AG (31.04.2001): SAP – Company, unter URL: http://www.sap.com/company/ am 31.10.2001.

www.ingramcontent.com/pod-product-compliance
Lightning Source LLC
LaVergne TN
LVHW042315060326
832902LV00009B/1502

* 9 7 8 3 6 3 8 7 5 5 9 3 1 *